Paquet 15 avril 70. 6 fr

Bouchardon nov. 1762
Dessins et estampes 4 fev. 1762
Bibl. du b. de Schagen Lahaye 1762
Livres de l'abbé de Fleury Jan 1756

Vente du Baron Pichon LS.

# CATALOGUE
## *DES TABLEAUX,*

*Desseins, Estampes, Livres d'Histoire, Sciences & Arts, Modèles en cire & plâtre, laissés après le décès de M. Bouchardon, Sculpteur du Roi.*

Dont la Vente se fera dans le mois de Novembre 1762, en la manière accoûtumée, au plus offrant & dernier Enchérisseur, en une Maison sise rue de la Magdeleine, Porte Saint-Honoré à Paris.

*Par François Basan, Graveur.*

Se vend

A PARIS;

Chez de Lormel, Imprimeur, Rue du Foin, à l'Image Sainte Genevieve.

M. D. CC. LXII.

# AVERTISSEMENT.

LES Tableaux, Desseins, Estampes, & Livres dont nous donnons le Catalogue, sont le fruit des recherches & des soins de M. EDME BOUCHARDON, Sculpteur du Roi, Professeur en l'Académie Royale de Peinture & Sculpture, & Dessinateur en titre de celle des Inscriptions & Belles-Lettres, dans laquelle il avoit séance.

En formant cette ample collection, l'illustre Artiste fut principalement occupé de l'utilité qu'il ne pouvoit manquer d'en retirer. Imitateur scrupuleux de tous les objets qu'il eut à représenter, sévere observateur des loix du Costume, ne voulant absolument rien mettre dans ses ouvrages, dont il ne fut en état de fournir un garant; il en connoissoit mieux la nécessité d'avoir continuellement sous les yeux les excellentes productions des grands Artistes qui se sont le plus distingués, en cultivant les différentes parties de l'Art du dessein. Les recherches déja faites avec succès facilitoient les sien-

*nes, elles le mettoient en quelque façon ſur la route, plus il admiroit les efforts du génie de ces hommes rares, plus il s'en nourriſſoit, plus s'entretenoit en lui une noble émulation, qui, non contente de l'exciter à marcher ſur les traces de ſes prédéceſſeurs, lui faiſoit chercher les moyens de porter, s'il étoit poſſible, ſes pas encore plus loin; il penſoit ainſi dès le tems qu'il demeuroit à Rome, & qu'il y faiſoit ſes études. Preſque tout ſon tems fut conſacré à deſſiner ce que cette grande & ſuperbe Ville offre de plus remarquable; mais quelqu'application qu'il y mit, quelque nombreuſe que fut cette ſuite de deſſeins, comme il ne lui fut pas poſſible de tout embraſſer, ni de tout emporter, il ne trouvoit à s'en conſoler qu'avec les Eſtampes qui en avoient été publiées, & qu'il avoit eu ſoin de raſſembler, il en faiſoit ſon délaſſement dans les momens de vuide que lui laiſſoïent les travaux importans dont il fut chargé, & on lui a ſouvent entendu dire qu'il ne croyoit pas qu'il dût y en avoir de plus délicieux pour un Artiſte vraiment amateur de ſa Profeſſion.*

Il ne se cachoit à personne combien il étoit le zélé partisan des anciens, il s'en expliquoit avec véhémence, & ne pouvoit souffrir qu'on y mît de l'indifférence; l'estime alloit presque jusqu'à l'adoration, & s'étendoit sur tous les maîtres qui jouissent d'une réputation méritée. Il eût crû être dans l'erreur, s'il n'eût pas opéré dans les mêmes principes, mais l'examen & la vue fréquente de leurs productions ne fut jamais capable d'en faire un Plagiaire; & comment l'eût il pû être! La nature, en lui accordant tous les talens qu'exige l'Art difficile qu'il professoit, lui fit don en même-tems du génie le plus abondant, & si facile qu'il eût pû retourner sur le champ un sujet de cent façons différentes, & y conserver toujours les mêmes graces & le même intérêt.

Nous n'en chercherons pas la preuve dans les ouvrages de Sculpture qui sont sortis de son ciseau, & qui ont déja acquis une grande célébrité. Ils ne sont pas assez nombreux. L'idée sublime qu'il s'étoit faite du beau, rendoit notre Artiste difficile & timide, quand il s'agissoit de travaux, qui confiés à des matieres précieu-

*ſes & durables, devoient paſſer avec ſon nom à la poſtérité. Jaloux de ne rien mettre au jour qui ne fût extrêmement épuré, il s'épuiſoit alors en réflexions, & conſumoit peut-être encore plus de tems à méditer qu'il n'en employoit à opérer, ſans cela il n'eſt pas douteux que nous aurions beaucoup plus d'ouvrages de ſculpture de ſa main; car il étoit né vif, & perſonne n'a manié le ciſeau avec plus de célérité. Sa promptitude dans l'exécution éclatoit ſur-tout, lorſqu'il avoit dans les mains l'ébauchoir & le crayon, l'un & l'autre obéiſſoient ſans violence & ſans peine à ſon génie tout de feu, & dans la chaleur de l'imagination lui faiſoient créer cette immenſe quantité de modeles & de deſſeins de toute eſpece, qui auroient dû ſe trouver chez lui après ſon décès, s'il n'en avoit pas été auſſi prodigue qu'il le fut de ſon vivant.*

*Ce qui en eſt reſté, & qui ſera expoſé en vente ne devient que plus rare & plus digne de la recherche de nos amateurs; il conſiſte en modeles exécutés avec une fermeté d'ébauchoir qui les rend tout petillans d'eſprit, en deſſeins preſque tous faits d'après nature, qui joignent a une justesse de trait merveilleuse, une legereté de touche qu'on rencontre difficilement dans les productions du même genre, & qui ont déja mérité à leur illustre Auteur le titre d'un des plus grands Dessinateurs qui ait encore été.*

*Nous n'entreprenons point de former ici le tableau des mœurs simples & purs de l'illustre défunt, ni de faire valoir la solidité & la droiture de ses sentimens, nous n'entrerons dans aucun détail de sa vie. Celle d'un tel homme, qui dans ses ouvrages n'admettoit rien qui ne fût entierement achevé, ne comporte point une simple esquisse, elle doit être fournie de choses, & finie avec un soin, dont nous ne nous sentons point capables, & qui surpasse nos forces.*

*Nous nous contenterons de dire en genéral, que M.* BOUCHARDON *naquit à Chaumont en Mai 1698 d'un Pere (qui n'étoit pas sans talent) qui exerçoit la Sculpture & l'Architecture, & qui n'oublia rien pour faire germer & fructifier dans son fils, ceux que la nature y avoit mis; nous ajoûterons qu'après avoir travaillé pendant quelque tems sous M. Coustou* *le jeune, & avoir remporté le prix à l'Académie, il passa à Rome à la pension du Roi, où pendant un séjour d'environ neuf années, il se fit un nom qui engagea Sa Majesté à le rappeller en France. Il y fut depuis continuellement occupé, ou pour le Prince ou pour la Ville de Paris, qui pleinement satisfaite des beaux ouvrages dont il avoit enrichi la Fontaine de la rue de Grenelle, le choisit par préférence pour l'exécution de la Statuë équestre de Louis XV. à laquelle il étoit prêt de donner la derniere main, * lorsqu'une hydropisie causée par un trop grand épuisement d'esprit, l'a conduit au tombeau le 27 Juillet dernier.*

* C'est M. Pigal que le défunt & la Ville ont choisis pour finir l'ouvrage.

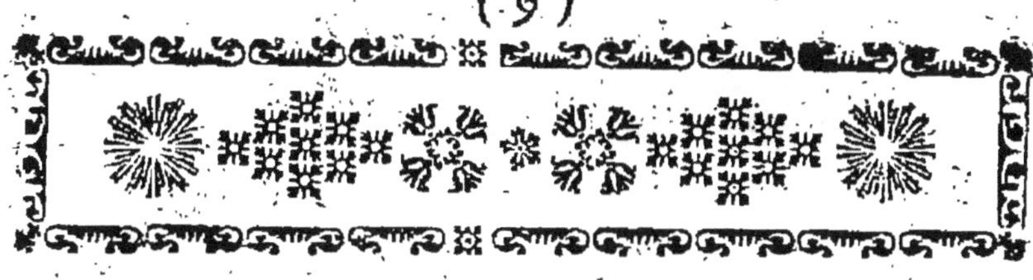

# TABLEAUX.

N° 1. UN Tableau représentant la Justice, copie d'après l'original de Raphaël, qui est au Vatican, portant 6 pieds de haut sur 4 de large, dans sa bordure dorée.

2 Le Triomphe de Bachus & d'Ariane, très-belle copie d'après le Tableau original d'Annibal Carrache, qui est dans la Gallerie Farnese à Rome, de 11 pieds de large sur 5 & demi de h. dans sa bordure dorée, ce Tableau est des plus agréable, & peut orner un grand Salon.

3 Un Tableau représentant Judith venant de couper la tête à Holopherne, belle copie d'après le Guide, de 6 p. de haut sur 4 de large dans sa bordure dorée.

4 La Magdeleine assise, vuë jusqu'aux genoux, sur lesquels elle tient une tête de mort, belle copie du Guide,

de 4 p. & demi de haut sur 3 & demi de large dans sa bordure dorée.

5 La Sainte Vierge accompagnée de St George & de plusieurs autres Sts, belle copie d'après le Tableau original du Correge qui est dans la Gallerie Royale de Dresde, de 5 pieds de h. sur 3 de l. dans sa bordure dorée.

6 Le Mariage de Sainte Catherine, d'après le même, copié d'après l'original qui est au Cabinet du Roi de France, de 3 pieds en quarré, dans sa bordure dorée.

7 Un Magistrat des Pays-Bas, assis auprès de son Epouse, peint par Antoine Vandick, de 5 p. de haut sur 4 de l.

8 Le Portrait de Philippe I V. peint par Velasquès, de 4 pieds de haut sur 3 de large dans sa bordure dorée.

9 Une Tête peinte avec beaucoup d'Art, par Rembrandt, de 2 pieds de haut sur 18 pouces de large dans sa bordure dorée.

10 Un Paysage de fabrique Hollandoise, peint par Allard-Van-Everdingen, ce Tableau représente une vuë de Norvege, dans laquelle se trouve une chûte d'eau d'un effet surprenant, de 6 pieds en quarré, orné d'u-

ne ſimple baguette dorée à l'entour.

11 Lucrece ſe poignardant ; Tableau original de S. Voüet, de 5 pieds & demi de h. ſur 4 de l. dans ſa b. dorée.

12 Un Tableau peint par M. le Brun, repréſentant le portrait de ſon Pere, de 2. pieds de haut ſur 18 pouces de large dans ſa bordure dorée.

13 Angélique & Médor, peint par Blanchard, de 5 pieds de large ſur 3 & demi de haut.

14 Quatre Tableaux peints par Deſportes, repréſentans divers animaux de Chaſſe, de même grandeur, portant chacun 3 pieds & demi de haut ſur 2 & demi de large dans leurs bordures dorées.

15 Pluſieurs bons Tableaux de divers ſujets, grandeurs, & Maîtres, dans leurs bordures dorées.

## SCULPTURE.

16 LE Modèle du Groupe principal de la Fontaine, ruë de Grenelle, faite par M. Bouchardon, dont les figures ſont en cire & l'Architecture en bois, portant 2 pieds 8 pouces de large ſur deux p. de haut.

17 L'élévation & la repréſentation entière en carton de ladite Fontaine, de 4 pieds de large ſur 18 pouces de haut.

18 Nombre de figures en terre cuite ou en plâtre, bien conſervées, exécutées pour la plûpart par M. Bouchardon.

19 Nombre de têtes de différentes groſſeurs, *Idem*.

20 Nombre de pieds, mains, & petits enfans, *Idem*, leſquels ſeront vendus en divers lots, ainſi que les figures & têtes ci-deſſus.

21 Pluſieurs Conſoles en bois & en plâtre, dorées, portant 18 pouces de haut, propres à mettre des vaſes.

---

## DESSEINS.

22 DEux Porte-feuilles, contenant des Deſſeins de compoſitions & figures académiques, faits par M. Bouchardon, qui ſeront diviſés.

23 Un Porte-feuille contenant des Deſſeins de différens grands Maîtres Italiens & autres, parmi leſquels il y en a de très-beaux, du Vanius, Joſepin,

Perin-del-Vaga, Canuti, Polidore, P. de Cortone, Briccio, Piazetta, Puget, &c. &c.

---

## ESTAMPES
### *reliées en Volumes.*

24 DESCRIPTION de l'Eglise de S. Pierre de Rome, par le Chevalier Charles Fontana avec discours latin & italien, cet ouvrage est enrichi de quantité de figures, & a été imprimé aux dépens de la Fabrique de Saint Pierre à Rome en 1694. vol. in-fol. relié en veau. 17--11

25 Les bas reliefs de Rome, publiés sous le titre d'*admiranda Romanorum & antiquitatum*, gravés par Pietre Sante, derniere édition complette, in-fol. oblong en parchemin. 12--10.

26 Les Eglises de Rome en plan & en élévation, publiées par Rossi en 1684 in-fol. oblong en parchemin. 8--3.

27 Les principales Chapelles & Autels des Eglises de Rome, en plans & élévations, publiées par le même Rossi in-fol. en parchemin. 6--19.

28 Les vuës des Edifices de Rome par

44--12.

Gr. Rossi vol. in-fol. oblong en veau.

29 Les antiquités Romaines ou les vues des principaux Édifices de l'ancienne Rome, statuës & bas-reliefs, publiés par Lafrery, in-fol. en parchemin.

30 Les Palais de Rome, par Falda, en 105 piéces, vol. obl. en parchemin,

31 Les fontaines de Rome, par le même, en 107 piéces.

32 L'Architecture civile, ou le détail des portes & fenêtres des principaux Édifices de Rome, publiée par Rossi en 1702, 1711 & 1721, 3 vol. in-fol. en parchemin.

33 Un vol. in-fol. en veau, contenant 72 piéces, vuës de Rome par falda Tombeaux antiques, obelisques, &c.

34 Les bas-reliefs de la Colone trajane, premiere édition, gravés sur les desseins de Jer. Mutian, in-fol. obl. veau.

35 Le même, relié en parchemin.

36 Les Obelisques de Rome & les vuës de la Ville Pamphile, par Falda, reliés ensemble en 1. vol. in-fol. veau.

37 Les statues & bustes antiques de la Ville Pamphile, in-fol. en veau.

38 Les figures de Stucq, exécutées sur les desseins de Raphaël, par Jean de Udine dans les loges du Vatican, grâ-

vées par Pietre Sante, vol. obl. veau.

39 Les Peintures de Raphaël dans les chambres du Vatican, par Aquila, en 18 piéces, grand in-fol. parchem.

40 Les Peintures des loges de Raphaël, gravées par César Fantelli & Aquila, vol. in-fol. obl. parchemin.

41 Les Statuës & bas-reliefs antiques de Rome, par Perrier, premieres épreuves, 2. vol. in-fol. en veau.

42 Les anciens Arcs de triomphe publiés par Bellorii, dessinés & gravés par P. Sante, in-fol. parchemin.

43 Le premier vol. de la Gallerie Justinienne, contenant 153 statuës antiques par Mellan, Blomaert. &c.

44 Un vol. in-fol. parchemin, contenant les peintures de la Galerie Farnese, par le Carrache, dessinées & gravées par Aquila en 21 piéces.

L'assemblée des Dieux, peinte dans la loge de la Ville Borghese, par le Lanfranc, gravées par le même Aquila en 9 piéces.

Et les Noces de Psiché, gravées par le Chevalier Dorigny, d'après les peintures de Raphaël au Palais, nommé le petit Farnese à Rome en 12 p.

45 Un vol. in-fol. parchemin, conte-

nant la Gallerie de Verospi, peinte par l'Albane, gravée par Frezza, & la Galerie Pamphile, peinte par P. de Cortonne, gravée par Cesio, en 16 piéces.

46 La Gallerie Farnese, peinte par Annibal Carrache, & gravée par Carle Cesius, in-fol. obl. en veau.

47 Les principaux vases antiques qui sont à Rome, & les plus beaux Cartouches d'ornemens qui y ont été exécutés d'après P. de Cortone, & autres publiés par D. Rossi, in-fol. obl. parch.

48 Les peintures du Palais du Grand Duc, à Florence, par P. de Cortone, gravées par Blomaert & autres en 16 piéces, grand in-fol. obl. parchemin.

49 L'entrée de l'Empereur Sigismond dans Mantoüe d'après J. Romain, par P. Sante, en 26 piéces, & les loges de Raphaël par Chaperon, en 52 p. en un vol. in-fol. obl.

50 L'œuvre de Polidore, gravé par Ch. Albert, P. Sante, & Galestruzzi, les frises de J. Romain, peintes dans la salle de Constantin à Rome, & autres Estampes d'après Polidore, en un vol. in-fol. en veau.

51 Les vuës de Florence dessinées par

Zocchi

Zocchi & gravées par les soins du Marquis Gerini, au nombre de 52 grandes piéces en un vol. grand in-fol. en veau.

52 Les vuës des Maisons de plaisance aux environs de Florence, en 51 p. dessinées par le même Zocchi, in-fol. en veau.

53 Le nouveau grand Plan de Rome par Nolli, en 18 feuilles in-fol. relié en veau.

54 Le même en feuille.

55 Les principaux Tableaux du Titien de P. Veronese & du Tintoret qui sont à Venise, dessinés & gravés par Valentin le Fevre, en 50 piéces, un vol. in-fol. en veau.

56 Les vuës des Eglises & Palais de Venise, par Carlevariis, en 101 piéces, in-fol. obl.

57 * Les vuës de Venise, par Marieschi en 22 piéces; dans le même vol. se trouve le Parc d'Anguien, par R. de Hooge, en 18 piéces, vol. in-fol. veau.

58 Les Tombeaux antiques de Rome, par P. Sante, publiés par D. Rossi, in-fol. en parchemin.

59 Recueil de Statuës antiques & modernes de Rome, gravées par Dori-

gny, Randon, & autres, en 163 p. publiées par Rossi, in-fol. en veau.

60 Le grand Cabinet romain, ou Recueil d'antiquités, avec explication, par M. Ange de la Chausse, in-fol. en veau, Amsterdam 1706.

61 *Le Pitture antiche delle grotte di Roma del sepolcro de Nasoni*, dessiné par Pietre Sante, avec explication par le même de la Chausse.

62 *Ædes Barberinæ* avec figures, de P. de Cortone, in-fol. en parchemin.

63 *Veterum Lucernæ sepulcrales*, dessinés par P. Sante, avec discours traduit de l'Italien en Latin, par Alex. Duker,

64 Iconographie par Canini, avec nombre de fig. par Vallée, Picart, &c. in-fol. en veau, Rome 1669.

65 Les Pierres antiques gravées par B. Picart en 70 Estampes avec discours par Ph. de Stosch, in-fol. broché Amsterdam 1724.

66 Discours de la Religion des anciens Romains, enrichi d'un grand nombre de médailles & figures antiques, in-fol. avec discours François.

67 Le même en Italien.

68 Une suite de 50 figures antiques de Rome, gravées à Nuremberg par

Preisler, d'après les desseins faits à Rome, par M. Bouchardon, in-4°. en veau.

69 Les Desseins des grands Maîtres qui composoient le Cabinet de M. de Jabac, en 283 sujets & paysages, gravés à l'eau forte, par Corneille, Pesne & Massé, in-fol. obl. en veau.

70 Soixante-six piéces gravées à l'eau forte, par M. le C. de Caylus, d'après les Desseins du Cabinet du Roi, in-fol. en veau.

71 Quatre-vingt autres piéces, *idem*, relié en veau.

72 Recueil des Têtes de caracteres & charges dessinés par L. de Vinci, Florentin, gravé par le même.

73 Recueil d'antiquités Egyptiennes, &c. par le même, le troisiéme vol. in-4° broché.

74 Les desseins des grands Maîtres Italiens, & les statues & bustes antiques, par Bischop in-fol. en veau.

75 Les pierres gravées antiques de Léonard Agostini, gravées par Galestruzzi, en 2 vol. in-4° premiere & seconde partie contenant 265 piéces.

76 Recueil de Cartouches, d'après le Bernin & les principaux Sculpteurs

de Rome, dessinés & gravés par Ph. Juvara en 52 piéces en 1722 in-4°.

77 Recueil d'Estampes, d'après les plus grands Maîtres Italiens, gravées par les soins de M. Crozat, en 137 piéces dans la premiere partie & 42 dans la seconde, toutes reliées en un vol. in-fol. en veau avec le discours; l'ouvrage est complet.

78 Le Cabinet de M. Boyer d'Aquilles en 118 piéces, composant les deux parties gravées par Coëlmans, avec le discours in-fol. en veau.

79 Un vol. in-fol en veau, contenant vingt-quatre Estampes des Tableaux du Cabinet du Roi, & la grotte de Versailles en 20 piéces avec les discours.

80 Trente-six grandes Estampes, d'après Vandermeulen, contenuës en 1. vol. in-fol. en veau.

81 Les Tapisseries du Roi, accompagnées de leurs devises & discours, d'après le Brun, par le Clerc, on a joint dans le même vol. les 4 conquetes rares, in-fol. en veau.

82 Les statues & bustes des Jardins de Versailles, & des Thuilleries, par Mellan & Baudet, en 60 piéces in-fol. en veau.

83 Les figures des Jardins de Verſailles par Simoneau in-8° en veau.

84 Courſes de têtes & de bagues, faites par Louis XIV. en 1662. in-fol. en veau, avec diſcours François.

85 La grande Gallerie de Verſailles en 52 morceaux, gravés par les plus célébres Graveurs du ſiécle, d'après les peintures de M. le Brun, les épreuves en ſont parfaites & imprimées ſur le papier extraordinairement grand, nommé le grand Louvois, * cet Exemplaire eſt dans un Porte-feuille, ſans être relié.

86 Les peintures de l'Hôtel du Préſident Lambert, d'après le Sueur & le Brun, en 43 piéces in-fol. en veau.

87 Les habits des différentes Nations du Levant, en 100 planches, avec

* On nomme ainſi ce papier, à cauſe de pluſieurs Theſes qui furent dédiées au miniſtre de ce nom, dont les planches étoient ſi grandes que l'on fut obligé de fabriquer du papier exprés pour les imprimer, le papier de grand aigle, dont on ſe ſert ordinairement, n'étant pas ſuffiſamment grand, l'impreſſion ordinaire de cette Gallerie ſe trouve ſur cedit papier ; mais les deux coupoles qui ſont les deux plus grandes planches, ſont obligées alors d'être ployées par le haut & le bas ; au lieu que ſur le papier de Louvois elles ne le ſont point, & de plus c'eſt ce qui en caractériſe la primauté des Epreuves, on ne ſçauroit trop témoigner de reconnoiſſance à M. Maſſé des ſoins & travaux qu'il a bien voulu prendre pour la perfection de cet ouvrage, ainſi que des dépenſes immenſes qu'il a été obligé de faire à cet effet.

l'explication, in-fol. en veau.

88 Les Habillemens des différentes Nations, gravés en bois d'aprés les desseins de Josse Aman, en 220 piéces, in-fol. en veau.

89 Les Modes anciennes & modernes, gravées en bois d'après le Titien, 2 vol. in-8°, maroquin rouge, imprimées à Venise en 1590.

90 Les Habillemens de la Chine, en quarante Estampes colorées, in-fol. Maroquin; à Paris en 1697.

91 L'œuvre de Gerard Lairesse, composée de 110 piéces, gravées par lui-même, anciennes épreuves, in-fol. en veau.

92 L'œuvre de Guillaume Baur, gravé par lui-même & par Melchior Kussel, en 486 piéces, anciennes épreuves, in-fol. en veau.

93 Les Tableaux des meilleurs Maîtres d'Italie, recueillis par le Bourgmestre Rheinst, & dont la République des Etats-généraux firent présent à Charles second Roi de la Grande Bretagne en 34 piéces, gravées par Vischer & autres habiles Graveurs du siécle précédent.

94 Une suite de vingt sujets, gravés

par Winſtanley, d'après des Tableaux des meilleurs Maîtres Italiens & Flamands, étant en Angleterre, dans la Gallerie du Comte Derby.

95 Un grand vol. in-fol. en veau, très proprement relié, contenant l'œuvre de la Fage, en 73 piéces, précédé d'un abregé de ſa vie, plus dans le même vol. ſe trouve 50 piéces grandes & petites, compoſées & gravées par S. Roſe, & 27 d'après Laireſſe, gravées à l'eau forte par Glauber, le tout anciennes Epreuves.

96 Un vol. in-fol. contenant 142 Eſtampes, par Mellan, Sujets, Portraits, Figures & Buſtes.

97 La Galerie du Palais Maghani, à Boulogne, peinte par les Carraches, & gravée ſous la Direction de Tortebat en 15 piéces, & les ſept œuvres de miſéricorde par le Bourdon, en un vol. in-fol. en veau.

98 Vingt-cinq Eſtampes d'après le Dominicain & autres, en un vol. in-fol. en veau.

99 Un vol. in-fol. contenant 62 Eſtampes d'après Raphaël, Pouſſin, &c.

100 Un autre contenant 90 Eſtampes,

par Frey & autres d'après divers Maîtres Italiens.

1101 Un autre contenant 270 piéces, par M. Antoine & autres.

1102 Un autre contenant 75 d'après Lanfranc, Dominicain, &c.

1103 Un autre contenant 152 piéces, vaſes de Polidore, & des ſujets d'Enfans par Teſtelin.

1104 Un autre contenant 85 vaſes de Giardini & Stella.

1105 Un autre contenant 23 Payſages du Bourdon.

1106 Un autre contenant 68 piéces du vieux Breugel & autres.

1107 Quatre autres contenant 550 piéces diverſes, par Tempeſte.

1108 Un autre contenant 220 piéces, par Tempeſte & autres.

1109 Un autre contenant 165 piéces diverſes, par Benedette Caſtilione P. Teſta, &c.

1110 Un autre contenant 124 piéces d'après le Guide, P. de Cortone, &c.

1111 Un autre contenant 170 piéces d'après le Sueur, Baſſan & autres.

1112 Un autre contenant 98 fontaines de le Brun, vaſes & termes par le Pautre.

1113 Un autre contenant 200 piéces diverses, par Stradam, Chasses & autres sujets, *anciennes épreuves.*

114 Un autre contenant 26 Estampes, gravées en bois par Sebalde de Beham représentant les anciens Patriarches, & diverses danses Allemandes. 6--11.

115 Un autre contenant 112 piéces, gravées en bois par Albert Durer. 17--19.

116 Un autre contenant le Cabinet de Girardon.

Le Tombeau du C. de Richelieu.

Les 7 Sacremens du Poussin, par Pesne.

Et le Plafond de la Chapelle Sixte à Rome, peint par Michel Ange, & gravé en 6 piéces par Ge. Mantuan, *premieres épreuves.* 42--3.

117 Un autre contenant le Plafond du grand Escalier de Versailles, par le Brun, le Plafond des petits Appartemens en 3 feuilles, celui de la Chapelle de Sceaux en six, & les 4 Saisons en grand, d'après Mignard. 42--11

118 Un autre contenant la petite Gallerie du Louvre, d'après le Brun, par Saint André en 41 piéces. 6--2.

119 Le Plan de Paris, levé & gravé en 20 planches, sous la Prévôté de M. Turgot, grand in-fol, en veau. 19--2.

120 Les Fêtes pour le Mariage de Madame avec l'Infant Duc de Parme, grand in-fol. en veau.

121 La Gallerie du Luxembourg, par Rubens, ſuperbes épreuves, grand in-fol. en vélin verd.

122 L'entrée du Cardinal Infant dans Anvers, par le même, ſuperbes épreuves, ſans le diſcours in-fol. en veau.

123 L'entrée du même Prince dans Gand, in-fol. en Parchemin.

124 L'œuvre de Simon Voüet, en 142 piéces, grandes & petites, in-fol. en veau.

125 Soixante-ſix Eſtampes, compoſées & gravées par Gr. Huret, dont la Paſſion, grand in-fol. en veau.

126 La vie de Saint Bruno, peinte par le Sueur, dans le Cloître des Chartreux de Paris, gravée par Chauveau, en 22 piéc. anciennes épreuves in-fol. en veau.

127 *Monumenta clarorum Virorum*, in-fol. en veau.

128 Les Portraits des grands Hommes de l'antiquité, deſſinés d'après les monumens, étant à Rome, gravés par Th Galles en 168 piéces.

128 *bis* Les travaux d'Uliſſe, peints à Fontainebleau par le Primatice, gravé.

par Van Thulden, in-fol. en veau.

129 Un vol. in-fol. oblong, contenant 240 piéces, par Callot.

130 Les Saints de l'année, par le même in 4°. en carton.

131 Un vol. contenant 170 piéces, par Della Bella.

132 Un autre vol. contenant 200 piéces par le même.

133 Un autre vol. contenant 220 paysages & animaux, par Silveſtre, &c.

134 Un autre contenant diverſes piéces, par Hollar, Vandevelde & Boſſe.

135 Un autre contenant 40 piéces, par Silveſtre.

136 Un autre contenant les vaiſſeaux de Paſſebon, par Randon en 13 piéces.

137 Un autre contenant 164 Eſtampes d'animaux divers, par Ridinger, Berghem & C. du Jardin.

138 Un autre contenant 54 animaux, par Ridinger.

139 Un autre contenant 74 animaux, d'après Rembrandt, par Picart & autres d'après Berghem.

140 Un autre contenant 45 feuilles d'oiſeaux, par Hollar & Alb. Flamen.

141 Un autre contenant 97 feuilles d'oiſeaux & poiſſons, par les mêmes.

142 Un autre, contenant 130 animaux divers d'après Potter.

143 Un autre contenant 210 Estampes diverses, dont 80 portraits d'après Vandick.

144 La Fable de Psiché, gravée par M. Antoine sur les desseins de Raphaël, vol. in-4° maroquin rouge.

144 *bis.* Le Temple des Muses, par Marolles, avec les figures de Diepenbeck, in-fol. en veau.

145 Les emblêmes d'Horace, par Otho Vœnius, in-4° en veau.

146 Les Hermites & Anachoretes, par Sadeler, en 2 vol. in-4°.

147 Les Métamorphoses d'Ovide en 52 piéces, par Golzius, in 4° en veau.

148 Les impostures innocentes, par B. Picart, in-fol. en veau.

149 Les Sculptures de l'Hôtel de Ville d'Amsterdam, par Artus Quellinus, in-fol. en parchemin.

150 L'Hôtel de Ville d'Amsterdam, par Jacob Vancampeu, 2 vol. in-fol. en parchemin.

151 Les Guerres de Flandre, par R. de Hooge, en 30 piéces in-fol. obl. en parchemin.

152 Les Indes Orientales & Occidentales,

en 45 feuilles, par le même in-fol. broché.

153 Traités des Pompes à boyaux, par Vander-Heyden, enrichi d'Estampes représentans différentes incendies d'Amsterdam, gravées par l'auteur, in-fol. en veau, Amsterd. 1690.

54 Traité du mouvement des eaux, par Fontana, in-4° en Italien.

55 Description du Palais du Duc de Savoye, appellé la Vennerie, avec la représentation des peintures de J. Miel, par Tasniere, in-4° en veau.

56 Le Cabinet des beaux Arts, avec figures d'Edelinck & autres, in-4° en maroquin; dentelles.

57 L'œuvre de Meissonier, grand in-fol. broché.

58 Vingt-quatre sujets peints par Rubens dans les plafonds de l'Eglise des Jésuites d'Anvers, gravés par Punt sur les desseins qu'en avoit fait le Sr Dewitte, Peintre, il comptoit les graver lui-même à l'eau forte, mais la mort l'en a empêché, lorsqu'il mourut, il en avoit déja gravé 10 morceaux, lesquels se trouvent joints aux 24 gravés par Punt, en tout 34 piéces brochées en 1 vol. in-fol.

159 Quatorze vol. reliés en veau & parchemin, contenant diverſes ſuites d'antiquités Romaines, ornement de Stella, &c.

159 *bis*. La Fable de la chûte de Phaëton, & celle d'Apollon & de Diane, peintres; la premiere par l'Albane dans la Gallerie du Château de Baſſano, appartenant à la Maiſon Juſtinienne, & la ſeconde, par le Dominicain, en une des Chambres du même Palais, en 26 piéces, vol. in-fol. broché en carton.

160 Deſcription abregée des principaux Arts & Métiers, & des inſtrumens qui leur ſont propres, en 143 planches in-4° broché.

160 *bis*. Les Peintures du Cabinet Farneſe par An. Carrache, gravées par Aquila en 13 piéces in-fol. en parchemin.

161 Les vingt quatre Eſtampes des ruines de Grece, gravées par le Bas pour le vol. de M. le Roi Architecte, in-fol oblong, broché.

162 Les ruines d'Athênes & de Grece publiées en Angleterre, in-f. en cart

163 Hiſtoire générale des Inſectes de l'Europe en 184 Eſtampes, avec la deſcription, par Mlle Meriau, in-fo en veau.

164 Les Plantes de Surinam, *Idem*, en 72 planches, in-fol. broché.

165 Un vol. in-4° en veau, contenant 95 feuilles d'animaux, faits pour être insérés dans les Mémoires de l'Académie des Sciences.

166 Histoire des animaux, par Gemer, in-fol. en veau.

167 Le Cabinet d'Histoire naturelle, de Besler, avec figures in-fol. en veau, discours latin.

168 Histoire des Poissons de Rondelet, in-fol. en veau.

169 Les oiseaux de Robert, en 31 piéces en parchemin, & un autre vol. contenant 68 poissons divers.

170 L'Histoire naturelle des quadrupedes & oiseaux de Jonston, in-fol. en veau, latin.

171 Les coquilles de Rumphius, Edition de 1711, in-fol. en veau.

171 *bis*. Des Jeux de l'enfance, par Stella, in-4° en veau.

172 Histoire générale des drogues, par Pomel.

173 L'Anatomie générale du cheval, traduit de l'Anglois, par Garsault, in-4° en veau.

174 L'anatomie du cheval, par Ruini,

avec figures en bois, in-fol. en veau.

175 L'école de Cavalerie de la Gueriniere, 2. vol. in-8°.

176 Le Manége Royal, par Pluvinel, bonne édition & belles épreuves, in-f. en parchemin.

177 L'art de monter à cheval, par Neucastle, in-fol. en veau.

178 Le détail des opérations pour la fonte de la Statuë équestre de Louis XIV. par M. Bosfrand, in-fol. en veau.

179 Les Plans & profils des principales Villes conquises par Louis XIV. dessinées par le Ch. Beaulieu, en 5 vol. in-4° oblong, en veau.

180 Mémoires d'Artillerie, par M. de S. Remy, 2e édition, Paris 1707, 2 v. in-4° en veau.

181 L'attaque & la défense des Places, par Vauban, in-4° en veau.

182 Recueil des Côtes maritimes de France, in-4° broché en 50 feuilles, Paris, 1757.

183 Journal du Camp fait à Compiegne en 1739, en présence du Roi, avec les épreuves des Mines, in-8° broché.

184 Atlas portatif pour les voyageurs & militaires, 2 vol. in-4° en veau, contenant chacun 100 Cartes, par le Rouge, Paris 1759.

Recueil

185 Recueil des Fortifications & Ports-de-mer de France, en 88 planches in-8° & Recueil des Villes & Ports d'Angleterre, en 18 planches, in-8° broché.

186 Les obſervations de pluſieurs ſingularités & choſes mémorables trouvées en Grece, Aſie, Judée, Égypte, & autres Pays étrangers, par Belon, avec figures en bois, in-4° en parchemin.

187 Les Navigations & Péregrinations orientales de N. de Nicolay, Geographe du Roi, avec figures in-fol. en parchemin,

188 Les Œuvres d'Ambroiſe Paré, premier Chirurgien du Roi, 10e édition avec figures en bois, in-fol. en veau, Lyon 1641.

189 Le même, Lyon 1568.

190 Obſervations antiques de G. Simeon Florentin, in-4° en parchemin.

191 Les antiquités de Rome, par Et. Duperac.

192 Un vol. in-4°. oblong, contenant 50 feuilles d'inſectes & fleurs.

193 Les raiſons des forces mouvantes, par Sal. de Caüs in-fol. en parchemin Paris 1624.

194 L'Architecture civile, réduite aux

régles de Perspective, par Bibiena, en 5 parties, dont la quatriéme contient un Traité pour la scène Théatrale, in-fol. en parchemin.

195 Un vol. in-fol. oblong, en vélin vert, contenant divers plans & élévations de Palais, par le Pautre.

196 Le Livre des 5 ordres d'Architecture de Vignol, édition originale, in-fol. en parchemin.

197 Les Édifices antiques de Rome, mesurés par Desgodets, in-fol. en parch.

198 L'Architecture d'André Palladio, avec discours Italien, in fol. en parchemin, Venise 1642.

199 L'Architecture du même, mise en François par Chambroy, in-fol. en veau, Paris 1650.

200 L'Architecture du même, avec les Notes d'Inigo Jones, publiés par Leoni, traduit de l'Italien en François, 2 vol. in-fol. grand papier, à la Haye, 1726.

201 Idée de l'Architecture universelle, par Vin. Scamozzi, édition Italienne & originale, in-fol. en veau, à Venise, 1615.

202 Œuvres d'Architecture de Scamozzi, traduit en François par Daviler &

Samuël Dury, in fol. en veau, à la Haye, 1736.

203 La Perspective à l'usage des Peintres & Architectes, par le Pere Pozzo, en Latin & Italien, premiere & seconde partie, imprimée à Rome en 1723, in-fol. en veau.

204 Les six Livres d'Architecture de Seb. Serlio, Latin & Italien, in-fol. en parchemin, Venise 1663.

205 La perspective pratique nécessaire à tous Peintres & autres Artistes, par le Frere Dubreuil, in-4° en veau 1642.

206 L'Architecture de Vignol, avec les Commentaires de Daviller, 2 vol. in-4° en veau, Paris 1710.

207 L'Architecture de Fischer, grand in-fol. oblong en veau.

208 L'Architecture de Philibert Delorme, in-fol. en parchemin, Paris 1668.

209 L'Art de bien bâtir, par le même, in-fol en parchemin.

210 L'Architecture pratique, par Bullet in-8°, en veau, Paris 1691.

211 Principes de l'Architecture, Sculpture & peinture, par Felibien, in-4° en veau, Paris 1684.

212 Les plus beaux Bâtimens de France, par du Cerceau, Paris 1674. in-fol. en veau.

Le ſecond Livre d'Architecture, par le même, en parchemin.

213 Ordonnance des cinq eſpéces de colones, ſelon la méthode des anciens, par Perault, in-fol. en veau, Paris 1683.

214 Cours d'Architecture par Blondel, in-fol. en veau, Paris 1675.

215 Parallele de l'Architecture, antique & moderne, in-fol. en veau, Paris 1702.

216 Traité des manieres de deſſiner l'Architecture, par Ant. Boſſe.

217 Œuvres d'Architecture de le Pautre 4 vol. in-fol. en veau.

218 L'œuvre de Marot, contenant plus de 200 morceaux d'Architecture, Plans, profils & élévations, in-fol. en veau.

219 L'Architecture de Vitruve, in-fol. en veau Paris 1684.

220 L'Architecture Françoiſe, ou Recueil des Plans, élévations, coupes & profils des Palais, Hôtels & Maiſons particulieres de Paris & de France, publiée par J Mariette, en 1727, en 3 vol. in-fol. en veau, & le quatriéme publié en 1738 d'un forma plus grand que les trois autres, contenant les

## Louvre, Verſailles & Maiſons Roïales.

221 Le ſecret d'Architecture, &c. par Math. Jouſſe, in-fol. parchemin.

222 Les deux premiers Livres d'Architecture de Seb. Serlio, traduit en François par Martin, in-fol. en parchem.

223 Huit vol. in-4° brochés, contenant divers traités d'Architecture, &c.

224 L'architecture de Joſ. Viola Zanini, Peintre & Architecte de Padouë, in-4° en parchemin.

225 Deſcription des peintures de Boulogne, in-12 en parchemin.

226 *Il mercurio errante*, in-12 p. *Roma* 1693.

227 La deſcription des peintures de Veniſe, in-12 broché.

228 Itinéraire nouveau de l'Italie, par F. Scotti, in-12 en parch. Rome 1717.

229 Réflexions ſur la peinture, in-12 broché, la Haye 1747.

230 Mémoires critiques d'Architecture, contenant l'idée de la vraye & de la fauſſe Architecture, in-8° broché, Paris 1702.

231 Neuf vol. in-12. reliés, traité des feux artificiels & autres.

232 Inſtitutions de Géométrie, par de la Chapelle, 2 vol. in-8° en veau.

233 Traité de la conſtruction & des prin-

cipaux uſages des inſtrumens de Mathématique, par Bion, in-4° en veau, Paris 1725.

234 Élémens de Fortifications, in-8°.

235 Traité de Géométrie, in-8°.

236 Uſage du compas, in-8°.

237 Traité de l'Arpentage, in-8°.

238 L'uſage des Globes, celeſte & terreſtre, & des Spheres, ſuivant les différens ſyſtêmes du monde, par Bion, in-8°

239 Le Jardinier fleuriſte, in-8°

240 La Théorie & pratique du Jardinage, in-4° en veau, Paris 1747.

241 La nouvelle Maiſon ruſtique, 2 vol. in 4° Paris, 1743. avec figures.

242 Dictionnaire de Géographie, par Voſgien, Paris 1747.

242 *bis*. Méthode pour apprendre la Géographie, Paris 1734.

243 Traité des manieres de graver en Taille-douce, par Boſſe, Paris 1701.

244 Science & proportion des Lettres Rom. par Geoffroy Tory, Paris, 1549.

245 Lettre ſur la peinture, Sculpture & Architecture, Amſterdam 1749.

246 Traité de Miniature; Paris 1697.

246 *bis*. Dialogue ſur le coloris, Paris 1699.

247 Conférence de M. le Brun ſur l'ex-

pression des Passions avec figures de Picart, Amsterdam 1713.

248 Méthode de lever les Plans, &c. Paris 1716.

249 L'art de la Peinture, par Dufrenoy, Paris 1684.

250 Histoire des Arts qui ont rapport au dessein; par Monier, Peintre du Roi, Paris 1698.

251 L'art de peindre, Poëme par M. Watelet in-4° broché, Paris 1760.

252 Le même in-12 broché.

253 *Gli Eccelsi pregi delle belle arti*, par Seb. Conca, in-4° en veau, Rome 1733.

254 Les Sentimens des plus habiles Peintres, sur la pratique de la Peinture, par Testelin, in-fol. en veau, Paris 1680.

255 La vie des Peintres, par George Vasari, 3 vol. in-4° en parchemin.

256 Entretiens sur les vies & ouvrages des plus grands Peintres, in-4°. Paris 1688, 3 vol.

257 La vie des Peintres, par Felibien, 6 vol. in-12, Trévoux 1725.

258 Vie des premiers Peintres du Roi, depuis M. le Brun, par l'Épicié, in-12 broché, Paris 1752.

C iv

259 L'anatomie du corps humain, par Vesale, in-fol. en parchemin, Amsterdam 1617.

260 Le même traduit en François, par Grevin, Paris, 1669.

261 Abrégé d'Anatomie, par Tortebat, in-fol. en parchemin.

262 Les grand & petit Albert, 2 vol. in-12.

263 Les proportions du corps humain, par G. Audran, in-fol. broché.

264 La phisionomie humaine de J. B. Porta, Napolitain, in-8° en parchemin.

265 Le Livre à dessiner de J. Cousin, in-4° en parchemin.

266 Les proportions du corps humain, par Albert Durer, traduit du Latin en François, par Meigret, in-fol. en parchemin, Paris 1557.

267 Proportions du corps humain, inventées & dessinées par Jacob de Vitte, Peintre Hollandois, en 12 planches, avec discours François, in-fol. broché.

268 La lumiere de la peinture & du dessein, par Crisp. de Pas, in-fol. en veau, Amsterdam 1665.

269 Les principes du dessein, par G. Lai-

resse, in-fol. en veau, Amst. 1719.

270 Traité de Peinture de Leonard de Vinci, traduit de l'Italien en François, par Chambroy, Paris, 1751, en parchemin.

271 Traité de peinture de Leonard de Vinci, mis au jour par Raphaël Dufresne, publié à Paris en 1651, avec discours Italien, in-fol. en veau.

272 Principes du dessein d'après Piazetta, par Pitteri, en 48 feuilles, avec discours Italien, in-fol. obl. broché.

273 Le Catalogue de l'œuvre de Rembrant, avec supplément, in-12 relié.

273 *bis*. Un paquet de divers Catalogues de Cabinets, de Tableaux & curiosités, in-12 brochés.

274 Iconologie ou explication des emblêmes & figures hyeroglifiques des vertus, sciences, &c. Par J. Baudouin, in-fol. en veau.

275 Les portraits des Empereurs depuis J. César jusqu'à Charles V. en médaillons gravés en bois d'après Hubert Gholtz, Peintre Flamand, in-fol. en veau.

276 La pompe funébre de Jacques II. Roi de la Grande Bretagne, avec figures in-fol. en veau.

277 Mythologie, ou explication des Fables, in-4° Lyon 1612.

278 La ſcience héroïque traitant de la Nobleſſe & de l'origine des armes, de leurs Blaſons & Symboles, par de la Colombiere, ſeconde édition, Paris 1669, in-fol. en veau.

279 Hiſtoire des Juifs, par Fl. Joſeph, traduite par M. Arn. Dandilly, avec beaucoup de fig. in-fol. Amſterdam.

280 Hiſtoire des Antilles, par du Tertre, avec figures de le Clerc, in-4° Paris 1667.

281 Hiſtoire naturelle & morale des Iſles Antilles de l'Amérique, avec figures in-4° Rotterdam. 1658.

282 Hiſtoire des Croiſades, par Maimbourg in-4° Paris 1684.

283 Hiſtoire de l'Empire Ottoman, par Briot, avec fig. de le Clerc, in-4° Paris 1670.

284 L'Hiſtoire du monde de Pline, traduite en François, par Antoine Dupinet, 2. vol. en maroq. Lyon 1594.

285 Hiſtoire de l'Amérique, avec beaucoup de figures, in-fol. avec diſcours Latin imprimé à Francfort.

286 L'Ambaſſade de la Comp^e Orientale des Provinces-Unies, à l'Empe-

reur de la Chine, par Jean Nieuhoff, mis en François par Carpentier Historiographe. — 8 — 18.

287 Voyage au Levant, Egypte, Syrie & Terre Sainte, par Corn. le Brun, 3. vol. in-fol. en veau. — 44 — 19

288 Description de l'Afrique, avec beaucoup de figures, traduite du Flamand par Dapper, in-fol. en veau. — 6 — 16

289 Pausanias, ou voyage historique de la Grece, par Gedoyn, 2. vol. in-4° Paris, 1731. — 10 — 4

290 Les Tableaux de Philotrate, in-fol. Paris, 1637. — 2 — 11

291 Le Virgile, par M. de Marolles, in-fol. en veau, avec figures, par Chauveau.

292 Métamorphoses d'Ov. par du Ryer, in-fol. avec figures, par Tempeste. — 5 — 11

293 Les mêmes - - - - - in-fol. avec figures, par Briot. — 2 — 3

294 Les mêmes, par l'Abbé Banier, 3 vol. in-12, Amsterdam 1752 — 5 — 18

295 L'éloge de la folie, traduite par Gueudeville, avec figures de Holbein, in-12, Amsterdam 1728. — 2 — 2

296 Petrone, Latin & François, 2. vol. in-12. avec fig. Amst. 1734. — 2 — 8

297 Contes de Bocace, 2 vol. in-12 à Cologne 1702. — 4 — 16

298 Contes de la Fontaine, in-12 en Parchemin, avec figures, par Romin de Hooge, Amſterdam 1699.

299 Les Fables du même, avec figures 3 vol. in 12, Paris 1729.

300 Les amours de Pſiché, du même.

301 Les œuvres de Rabelais, 2 vol. in-16, 1675.

302 Poëmes & Théâtres des Corneille, 10 vol. in-12.

303 Œuvres de Moliere, 8 vol. in-12.

304 Le Roman comique, par Scaron, 2 vol. in-12.

305 L'Ane d'or, 2 vol. in-12, maroq.

306 Domquichotte en 5 vol. in-12.

307 La Princeſſe de Cleves, 2 vol. in-12.

308 Le Diable boiteux, 2 vol. in-12.

309 Eſſais de Montagne, 3. vol. in-12.

310 Les amours de Theagene & Chariclée, 2. vol. in-12 1743.

311 Les amours de Daphnis & Chloé, avec les figures de M. le Régent, in-8° en maroquin.

312 Le même, avec figures de Scotin.

313 Six vol. dHiſtoires détachées, in-12.

314 Huit autres, *idem*.

315 Dictionnaire univerſel, avec ſupplément, 7 vol. in-fol. en veau.

316 Dictionnaire économique, par Chomel, 2 vol. in-fol, en veau.

317 Les antiquités expliquées, par Montfaucon, 10 vol. in-fol.

318 Histoire Ecclésiastique de M. de Fleury, en 36 vol. in-4°

319 La Bible de Sacy, 3 vol. in-fol. veau.

320 La Bible de Dom Calmet en 14 vol. in-4°, Paris 1748, &c.

321 Histoire de l'ancien Testament, par le même, 4 vol. in-4°, Paris 1737.

---

## *ESTAMPES en Feuilles.*

322 SOixante-dix-huit gravées à l'eau-forte par C. Maratte, Guide, &c.

323 Dix-sept par le Carrache, &c.

324 Douze grandes, gravées en bois d'après le Titien & autres, dont le passage de la mer rouge & plusieurs autres piéces rares & belles.

325 Vingt-six d'après le Baroche, Guerchin, Cyro-Ferri, &c.

326 Quarante-quatre d'après le Titien, Paul Véronese, Villamene, &c.

327 Huit compositions gravées à Venise, dans le goût du Lavis, par Bartholozzi, d'après de superbes desseins de Benedette Castilione, lesdites Estam-

pes ſont imprimées au biſtre, telles que ſont faits les deſſeins.

328 Douze autres, par le même, d'après de ſuperbes deſſeins du Guerchin, dont les originaux ſont en poſſeſſion de M. Zanetti & autres curieux, a Veniſe.

329 La ſuite des fuites en Egypte, compoſée & gravée par Tiepolo, Peintre Vénitien, en 27 morceaux.

330 La Paſſion de N. S. du même, en 14 piéces.

331 Vingt-ſept têtes du même, dont les caracteres ſont admirables.

332 Six ſujets de compoſition du même; les belles ordonnances & la fineſſe de pointe de cet habile Artiſte ſont aſſez connuës pour être diſpenſé d'en faire ici l'éloge.

333 Treize Payſages, d'après Marco Ricci par Wagner.

334 Huit ſujets gravés par Zilotti, dans le goût, & d'après des deſſeins au biſtre, faits par Simonini.

335 Six grandes compoſitions, ſujets de la Fable, compoſées & gravées à l'eau-forte, par Guarana, Peintre Vénitien, & quatre Payſages, compoſés & gravés par Zilotti, Peintre à Veniſe.

336 Six grandes vuës de Venise, gravées d'après Marieschi, par le même Zilotti.

337 Six Plafonds, peints à Venise par Fontebasso, Guarana & autres, gravés par Bartholozzi.

338 Sept Estampes gravées par Wagner, d'après C. Maratte & autres.

339 Douze Paysages, gravés par le même, d'après Zuccarelli.

340 Trois grandes eaux-fortes, sçavoir, la prédication de Saint Jean-Baptiste, & le miracle de Saint Antoine de Padoüe, par Pasinelli, & Joseph faisant distribuer le bled en Egypte, de Barth. Bremberg.

341 Les Habits des différens Ordres religieux, en 72 piéces à l'eau-forte, par Fialetti.

342 Quatre Estampes, composées & gravées par l'Espagnolet, sçavoir, les trois Pénitens & la Bachanale.

343 Les cris de Boulogne, en 34 piéces d'après le Carrache, gravés à l'eau-forte, par Mitelli.

344 Huit Estampes, dont le grand Calvaire du Tintoret, gravé par Aug. Carrache, &c.

345 La Fable de Vénus & Adonis, &

les grands élémens en rond, d'après l'Albane, gravés par Baudet, en 8 p.

346 Six Eſtampes, dont Bataille de Conſtantin par Aquila, & autres piéces du Pouſſin.

347 Dix-huit d'après le Correge & autres dont la Coupole de Parme, gravée par Vanni, en 15 piéces, &c.

348 Les trois Eſtamp. d'après le Correge, dont les Tableaux qui appartenoient à la Reine de Suéde, ont appartenus à S. A. R. M. le Régent, gravées par Duchange, premieres épreuves.

349 Quatre d'après le Pouſſin, dont le tems qui enleve la vérité, chef-d'œuvre de Gerard Audran, épreuve avant la Draperie, & le grand paſſage de la mer rouge d'après Verdier.

350 Quatorze d'après le Guide & autres, dont la Couſeuſe.

351 Dix d'après le Pouſſin, dont les 7 Sacremens, par Châtillon.

352 Le Repoſoir, piéce capitale, par Della Bella.

353 Trente-cinq Eſtampes d'après le Sueur, J. Couſin, &c.

354 Cent huit petites piéces à l'eau-forte, par J. B. de Wael & autres.

355 Vingt-deux, par Vandevelde, & Ferdin.

Ferdin. Bol, Métiers, &c. &c.

356 Onze, par Théodore de Bry, l'âge d'or, la petite Foire de Venise, le Triomphe de Bacchus, &c.

357 L'œuvre de Goudt, Comte Palatin, en 7 piéces, d'après Elsheimer,

358 L'*Ecce Homo* de Rembrandt, piéce capitale de ce Maître, superbe épreuve.

359 Les trois Croix, par le même, sur papier de soye, superbe épreuve.

360 La Guérison des malades, connuë sous le nom de la Piéce de cent Florins, très-belle épreuve.

361 Le Portrait du grand Copenol, belle épreuve.

362 Six par le même, dont la grande descente de Croix, la présentation au Temple, Un paysage où est une fuite en Egypte, &c.

363 Quinze sujets divers, par le même.

364 Dix Portraits divers, par le même Rembrandt.

365 Quinze sujets divers, par le même, dont le denier de César, la Chasteté de Joseph, &c.

366 Six, par le même, dont la mort de la Vierge.

367 Le Sacrifice d'Abraham, par Ferd. Bol. superbe épreuve.

368 Dix-ſept piéces d'après Rembrandt, par M. le C. de Caylus, Picart, &c.

369 Douze piéces, copies d'après des Eſtampes de Rembrandt, très-rares, dont le Bourgmeſtre SIX. l'Avocat Tolling, &c. par Baſan.

370 Huit têtes, gravées à Londres dans le goût de Rembrandt, par Vorlidge & Houſton.

371 L'œuvre d'Oſtade en 52 piéces, gravées par lui-même.

372 L'œuvre de Bega en 32 piéces, gravées par lui-même.

373 Dix compoſitions & têtes, gravées par Landereer, Peintre Allemand.

374 L'*Ecce Homo* d'après Vandick, par Bolsvert, ſuperbe épreuve.

575 Le grand Chriſt, avec la Magdeleine & Saint Jean au bas, & la Vierge à la danſe des Anges, du même Vandick, belles épreuves.

376 Huit grandes Chaſſes d'après Rubens, par Soutman, Bolsvert, &c. ſuperbes épreuves.

377 Cinq ſujets d'après le même, dont la Converſion de Saint Paul, &c.

378 Trois d'après le même, dont Daniel dans la foſſe aux Lyons, belles épreuves, &c.

379 Sept, *idem*, dont la Bataille des Amazones, Philippe IV. &c.

380 Trois, *idem*, le Triomphe de la Religion, le Massacre des Innocens & la grande Pêche miraculeuse.

381 Trois, *idem*, Le Christ au tombeau, le portement de Croix & Saint François Xavier.

382 Trois *idem*, la Vierge aux Anges, le Jugement dernier, par Vischer & la Cêne.

383 Trois *idem*, L'adoration des Rois en 2 feuilles, par Vosterman, le Serpent d'airain, &c.

384 Six, *idem*, dont un Christ, par Bolsvert; &c.

385 Quatorze d'après Vandick & Rubens, dont Melchisedech, &c.

386 Le Tems qui coupe les aîles à l'Amour, d'après Vandick, gravé par Macardel, en maniere noire.

387 Deux d'après Jordans, le Roi boit & le Concert.

387 *bis* Cinq *idem*, dont Mercure, Jupiter allaité, &c. belles épreuves.

388 Dix d'après Rubens, Jordans & Segers, dont la Susanne de P. Pontius, belle épreuve.

389 Trois Estampes, superbes épreuves,

le renîement de Saint Pierre d'après Segers, la chaste Susanne d'après Rubens, par Vosterman, & Meleagre, par Blomaert.

390 Quinze portraits de Vandick, dont 10 avec l'adresse de Vanden-Enden, &c.

391 Quarante-huit portraits divers d'après Vandick, & autres.

392 Deux Estampes rares, par Hollar; l'incrédulité de Saint Thomas & la Cathédrale d'Anvers, belles épreuv.

393 La Paix de Munster, & une bacanale de Léopards, par Suyderoef.

394 Les Tombeaux des Grands Hommes d'Angleterre, gravés d'après les desseins des plus habiles Peintres, en 20 piéces.

395 Onze Estampes représentant divers Tombeaux de Saint Denis en France.

396 Les Saints de Flandres en 20 piéces, par Vischer, superbes épreuves.

397 Quatre-vingt trois sujets de dévotion, par C. Galles, belles épreuves.

398 Les Fêtes données à l'Empereur Leopold, en 9 piéces, par R. de Hooge, & de plus, deux desdites épreuves avant la lettre, cette suite est rare.

399 Six piéces, *idem*, rares, le Massacre des Messieurs Dewitte, le Carosse arrêté, &c. &c.

400 Neuf, *idem*, piéces historiques, dont la reception du Roi Jacques, à Saint Germain-en-Laye, &c.

401 Cinq Estampes, par Vischer, dont la mort aux rats, &c.

402 Les trois grands Siéges de Callot.

403 La vie de N. S. gravée par Parrocel dans le goût de Rembrandt, en 25 piéces.

404 Onze Estampes de Rüines, d'après J. P. Panini, & autres.

405 Trente-sept, de Vierix & autres, dont la Passion, par Ghein.

406 Cent vingt, d'après des desseins du Cabinet du Roi, par M. le C. de Caylus, & autres.

407 Trente-trois, par N. de Brüyn & autres.

408 Vingt-six paysages, par Glaubert, d'après Gaspre, &c.

409 Cinq grandes Estampes d'après Coypel, le *Quos ego* & pendants.

410 Cinq, par Edelinck, dont le grand Christ aux Anges en 2 feuilles & autres Thèses d'après le Brun.

411 Huit portraits divers, dont celui de M. Massé, par Wille.

413 Quarante-deux Estampes, par le Pautre, Vases frises, &c.

414 La Pierre du Louvre, par le Clerc, belle épreuve.

415 Dix piéces, par le même, dont l'Histoire de Psiché, ancien, épreuv.

416 Dix Vignettes & Titres de Livres, par B. Picart.

417 Quatre grandes compositions d'après M. Bouchardon, dont les Fêtes lupercales.

418 Le Roman comique en 26 piéces, composé & gravé à l'eau-forte, par Oudry.

418 *bis* Trente-six Estamp., par Gillot, &c.

419 Cinquante-quatre vuës de Palais & Places d'Allemagne.

419 *bis* Quinze Estampes, par le Bas, & autres d'après Teniers, &c.

420 Vingt piéces d'après la Joüe & autres.

421 Douze par Vischer, d'après Berghem.

422 Dix-huit portraits d'après Rigaud & autres.

423 Quarante piéces diverses, dont les Empereurs d'après Rubens.

424 Un Porte-feuille contenant plus de 600 Vignettes d'après Cochin, Gravelot, Eisen & autres, qui seront divisées.

425 Plusieurs volumes de papier blanc, reliés en vélin vert.

426 Plusieurs boëtes in-fol. en forme de Livres, couvertes en parchemin, & plusieurs Porte-feuilles, remplis de papier blanc & bleu pour dessiner. 73---9

427 Une boëte en lac, renfermant 16 bâtons d'encre de la Chine. 24----1

428 Une boëte remplie d'échantillons de marbres rares de différentes espéces & couleurs. en 4. article 47---19 60---11

429 Une figure en bois d'environ 3 pieds de haut, servant de Mannequin pour draper des figures. 38---19

430 Plusieurs garnitures d'armoires & cheminées, d'Urnes & Vases de Porcelaines du Japon, dont plusieurs garnies en or moulu. 728---7 en 79. article

431 Trois Globes & Spheres montés sur leurs pieds.

432 Un Clavessin, un Violoncel, deux Violons & une Mandoline.

FIN.

Le Clavessin — 90
Le violoncelle dans son étui — 50
autre Violoncelle sans étui — 21
Une Basse de Viole — 4
Un Violon — 16
Une guitarre — 24
Une mandoline — 9
Un Tuorbe et un pardessus de Viole — 3
[illegible] — 12

25 Plusieurs volumes de papier blanc, relié en vélin vert.

26 Plusieurs boêtes in-fol. en forme de Livres, couvertes en parchemin, & plusieurs porte-feuilles, remplis de papier blanc & bleu pour dessiner.

27 Une boête en bois, contenant 16 livres d'encre de la Chine.

28 Une boête remplie d'échantillons de marbres rares de différentes espèces & couleurs. [illegible]

29 Une figure en bois d'environ 3 pieds de haut, servant de Mannequin pour draper des figures.

30 Plusieurs garnitures d'armoires de cheminées, d'Urnes & Vases de porcelaine du Japon, dont plusieurs garnies en or moulu.

31 Deux Globes & sphères montés sur leurs pieds.

32 [illegible]

FIN.

www.ingramcontent.com/pod-product-compliance
Lightning Source LLC
Chambersburg PA
CBHW072017290326
41934CB00009BA/2114

* 9 7 8 2 0 1 2 6 4 0 0 8 5 *